Günter Hase

Trapps im Blickpunkt

Illustriert von Tanja Klöpper

2011

Bibliografische Information der Deutschen Nationalbibliothek:
Die Deutsche Nationalbibliothek verzeichnet diese Publikation in der Deutschen
Nationalbibliografie; detaillierte bibliografische Daten sind im Internet über
http://dnb.d-nb.de abrufbar.

Herstellung und Verlag: Books on Demand GmbH, Norderstedt

ISBN: 9783842341814

Inhalt

Die Trappsidee

In den achtziger Jahren inspirierten mich die meist
hintergründigen ironisch-humorvollen Kommentare des
„Kilius" in den Kieler Nachrichten.
Nach Gesprächen mit dem damaligen Trappenkamper
Bürgermeister Gert Pechbrenner und dem
Bürgervorsteher Richard Hallmann stand fest: Auch für
unseren Wohnort sollte etwas Ähnliches entstehen. Der
Name war schnell gefunden: So wie „Kilius" für Kiel,
entstand „Trapps" für Trappenkamp.
Vorgesehen waren wöchentliche Beiträge im
„Blickpunkt Bornhöved". Nun galt es, weitere Trapps-
Autoren zu finden, die sich unter dem Pseudonym
„Trapps" an diesem Vorhaben beteiligten. Leider
erwies sich diese Idee bis auf ganz wenige Ausnahmen
als Fehlschlag. So war ich gefordert.
Bis heute ist nicht bekannt, wer sich eigentlich hinter
„Trapps" verbarg. Das spiegelt sich im Gedicht von
Erwin Wengel „Gedanken zum Trapps" wider. Ebenso
wusste ich lange nicht, wer die witzigen Illustrationen
mit verschiedenen Trapps-Figuren lieferte, die mit T.L.
signiert waren. Zu meiner Überraschung stellte sich
dann heraus, dass die Urheberin eine meiner
ehemaligen Schülerinnen war, nämlich Tanja Klöpper
(Lüttich).
Das Versprechen, wieder zu kommen, das ich im letzten
Gedicht „Trapps sagt erst mal tschüß" gab, will ich
nun endlich nach fast 25 Jahren mit dieser Sammlung
von Trapps-Gedichten einlösen.

Günter Hase, Trappenkamp 2011

Trapps im Blickpunkt

Trapps für Trappenkamp

Kiel hat seinen Kilius,
wir suchen seinen Filius,
dessen Name, ja, ich hab's,
lautet logisch einfach Trapps.

Wer macht mit und gibt sich Müh
für ein wenig Poesie
und beleuchtet dies und das
in Prosaform und Versesmaß?

Die Absicht ist, meint die Verwaltung,
in erster Linie Unterhaltung,
mitunter mal ein bisschen kritisch,
jedoch möglichst unpolitisch.

Urlaubsgrüße

Von wunderbaren Urlaubstagen
grüßt Trapps aus seinem Campingwagen
an dem so nahen Meeresstrand
in unserm schönen Ferienland.

Wo die Natur den Tag bestimmt,
da lebt er sorglos wie ein Kind
und lässt sich von der Sonne bräunen,
hat hier auch gar nichts zu versäumen.

Ganz ohne Wecker, Radio
und ohne Fernseh'n sowieso!
Termine sind ihm einerlei.
Mehr zählt indes der Möwenschrei.

Störfaktoren

Als Trapps neulich beim Arzt gewesen,
hat er die Wartezeit gelesen,
was so die Menschen alles stört.
Mal ist's der Hirsch, der zu laut röhrt.

Dann ist's ein Frosch, der zu laut quakt,
vielleicht ein Auto, das falsch parkt.
Natürlich stören Hundehaufen,
wenn du und ich darüber laufen.

Mitunter stört das Kinderspiel
und auch der Sport gibt manches Ziel
für unvermeidliche Empörung
wie über solche Ruhestörung.

Und immer wieder gibt´s Berichte
vom harten Urteil der Gerichte.
Trapps fragt ganz ängstlich: Was wird nun
aus seinem Hahn und seinem Huhn?

Denn das Gegacker und Gekrähe
erschreckt den Nachbarn in der Nähe.
Denn wie so oft läuft es nicht glatt,
wenn einer einen Vogel hat.

Besonders geschützte Arten

Jetzt kümmert sich die Kreisverwaltung
sogar um unsre Haustierhaltung!
Die Tiere, die geschützt und selten,
soll man nun künftig bei ihr melden.

Doch euer Trapps hat nun entdeckt,
was da so wirklich hinter steckt:
Zu allererst wahrscheinlich nur
das Schutzgesetz für die Natur.

Denn dies ist neu und gilt seit Tagen.
Und deshalb sollte Trapps nun sagen,
seit wann, warum und auch woher
bekam er seinen Nasenbär.

Grad diese Art ist streng geschützt,
was wohl nicht jedem Tiere nützt.
Denn eine ziemlich große Zahl
lebt leider nur noch illegal.

Trappenkamp
hat ein Gesicht

Strahlend in ganz hellem Licht
zeigt Trappenkamp nun sein Gesicht
mit neuem Rathaus, neuem Markt.
Trapps ist sicher, niemand quakt.

Mit hohen Kosten, großen Müh'n
entstand das Zentrum mit viel Grün,
mit Verkehrs- und Ruhezonen.
Dies Gesicht gilt es zu schonen!

Doch guckt man einmal um die Ecken,
zeigt das Gesicht noch schlimme Flecken.
Trapps sieht auch diese und meint nun:
Es gibt 'ne Menge noch zu tun!

Im gleichen Boot

Nach der langen Sommerpause
tagte nun im Bürgerhause
wieder mal das Parlament
ziemlich lange, was man kennt.

Gut erholt und gut gelaunt,
Trapps war wirklich sehr erstaunt,
motiviert und souverän
und ganz sachlich noch um zehn.

Trapps lobt noch mal das Niveau,
denn es war nicht immer so.
Gütlich saßen Schwarz und Rot
endlich mal in einem Boot.

Fehlanzeige: Streitereien
zwischen örtlichen Parteien!
Einig wurde hier entschieden.
Auch die Gäste war'n zufrieden.

Trapps muss noch mal laut betonen:
Denkt nicht immer an Fraktionen!
Denn es ist auch so nicht leicht,
bis das Beste mal erreicht.

Landtagswahl 87

Zur Landtagswahl am Wochenende
da wird noch einmal hart gekämpft.
Gelingt wohl diesmal eine Wende?
Der Optimismus ist gedämpft.

Trapps steht im Wald der Wahlplakate,
ihn schauen die Gesichter an.
Erhöht man so die Stimmenrate?
Ob das den Wählern helfen kann?

Wem soll man sein Vertrauen schenken,
wenn man so viel Versprechen hört?
Jetzt ist noch Zeit, um nachzudenken,
damit auch niemand uns betört.

Am Sonntag sollte jeder wählen,
denn jede Stimme hat Gewicht.
Auch euer Trapps der wird nicht fehlen,
denn Wählen ist doch Bürgerpflicht.

Gedanken zum Trapps
von Erwin Wengel

Ich las im Blickpunkt dieser Tage
ein neues Wort, das ich nicht kannte.
Ich las und staunte ohne Frage,
weil dies 'ne neue Variante
für uns Trappenkamper Bürger war.

Doch auf einmal war mir klar,
das Wort hieß Trapps, das ich gelesen,
ein Wort, das man erst muss begreifen,
in der Bedeutung, seinem Wesen.
Vielleicht ein Trapps, der uns verbindet
Und auch den Weg zum Herzen findet.
Vielleicht setzt Trapps auch neue Zeichen
für Harmonie und Heimatbande.
Vielleicht kann Trapps auch noch erreichen,
dass wir uns mühen mit Verstande,
zu suchen nach dem Positiven
und nach den edleren Motiven.

Doch die Moral von der Geschichte,
seh'n wir das Wort in diesem Lichte,
dann sagen wir als Menschenkinder
ein Dankeschön dem Worterfinder!

Fehlerteufel

Wenn der Teufel sich anschickt
und den Text mit Fehlern spickt,
dann ist meist der Wörter Sinn
ganz verworren oder hin.

Aus dem Lied macht er ein Leid.
Ja, er treibt es wirklich weit:
Setzt ein Komma, wo keins ist,
sät die Punkte und vergisst.

Er tauscht Zeilen hier und dort,
mal fehlt gar ein ganzes Wort,
setzt auch neue Silben ein,
stört den Rhythmus und den Reim.

Deshalb kann der Trapps nur hoffen,
dass er nicht zu oft betroffen,
und der Fehlerteufel nicht
stört das kleine Trappsgedicht.

Gerüchte

Selten kann man vor Gerüchten
ganz entkommen oder flüchten.
Ist der Weg erst mal gebahnt,
wuchern sie meist ungeahnt.

Soll man sich nach Kräften wehren?
Das kann den Verdacht vermehren!
Oder ob man besser schweigt
und sich ganz gelassen zeigt?

Hat man eine reine Weste,
ist die Wahrheit wohl das Beste,
die das Ding beim Namen nennt
und den Kern vom Fleische trennt.

Denn Gerüchte sprießen stündlich
gleichwohl schriftlich, nicht nur mündlich.
Und sie wachsen in Potenzen.
Manchmal folgen Konsequenzen.

Ist der Gipfel überschritten,
wird schon weniger gestritten,
bis vielleicht zu allerletzt
endlich Gras darüber wächst.

Pfützen

Dieser Ort scheut keine Müh'n,
jeder kann es sehen,
lockt als Wohnort mit viel Grün
zum Spazieren gehen.

Doch die schönsten Wanderwege,
welche wenig nützen,
sind – wie schade – mangels Pflege
übersät mit Pfützen.

Wenn ich hier durchs Wasser lauf,
bleibt kein Fuß lang trocken.
Ich kehr um und pfeife drauf.
Nichts mehr kann mich locken.

Wenn die Pfützen fest gefrieren,
wird's ein echter Eiskunstlauf.
Meist jedoch auf allen Vieren
geb' ich diesen auf.

Mit viel Worten mein ich dies,
und das ist ein leichter Klaps:
Hilfreich wär' ein bisschen Kies,
wünscht sich euer Trapps.

Radio

Man erwacht mit Rundfunktönen,
die beim Wecken schon versöhnen.
Wenn man fest geschlafen hat,
geht man singend in das Bad.

Auch in jeder Küche steht
selbstverständlich ein Gerät,
welches jubiliert und singt
und uns schnell in Stimmung bringt.

Doch ist das, was wir so lieben,
vom Geschmack her sehr verschieden:
Trapps hört gern für alle Fälle
meistens nur die **eine** Welle.

Aber schöne Melodien
sind beim jungen Volk verschrieen.
Rhythmusklänge macht sie froh.
Die bringt nur **ihr** Radio.

Dreht der eine an dem Kasten,
geht's dem anderen zu Lasten.
Trapps sehnt sich nach dem Gerät,
bei welchem nur **ein** Sender geht!

Unterzentrum
Bornhöved-Trappenkamp

Bornhöved grenzt an Trappenkamp.
Doch dieser Weg ist noch sehr lang,
weil niemand eine Lösung findet,
die diese Orte auch verbindet.

Einstmals entstand aus der Retorte
ein Unterzentrum dieser Orte.
Es gab mehr Geld. Und wie so oft
hat jeder sich wohl was erhofft.

Denn beide hielten's für das Beste,
stopft man zuerst die eigne Weste.
So sind die Nachbarn fremd geblieben,
so wie sie waren und verschieden.

In unsrer Zeitung las Trapps neulich,
und dieses klang sogar erfreulich,
man wär' um Besserung bemüht.
Ach wär' die Freude nicht verfrüht!

Umweltlügen

Man vernimmt mit Ungeduld:
Wieder sind die Andern schuld!
Täglich hört man hüben, drüben
immer neue Umweltlügen.

Wenn es endlich einen trifft,
der der Ursprung von dem Gift,
fordert dieser erst Beweise,
schiebt's Problem auf Abstellgleise.

Schließlich dann mit einem Mal
folgt ein anderer Skandal.
Man wird reden und wird messen,
bis der erste schon vergessen.

Denn bei unsrer Wirtschaftsmacht,
wird in Euro nur gedacht.
Selbst in Ämtern wird gelogen,
denkend nur in Wahlperioden.

Kraterlandschaft

Schon seit Wochen, immer noch
stört das Auge manches Loch,
das im Ortskern aus dem Boden
wohl als Pflanzloch ausgehoben.

Abgeschirmt durch bunte Bänder
werden ziemlich tiefe Ränder
vor Betreten auch geschützt,
was jedoch nicht immer nützt.

Denn in dieser Kraterlandschaft
machte neulich Trapps Bekanntschaft
mit einem armen Igeltier.
Das fand er in der Falle hier.

Hundesteuer

Steuern zahlen – Bürgerpflicht!
Ohne diese geht es nicht.
Manchmal hebt sich doch der Hut,
was man damit wirklich tut.

Trapps sieht nämlich keinen Grund
einer Steuer für den Hund.
Denk mal nach und überlege:
Gibt es etwa Hundewege?

Nur für's Herrchen gibt es Bänke,
für den Hund nicht mal 'ne Tränke.
Ach, was wär' das Hündchen froh,
gäb's ein simples Hundeklo.

Trapps meint, es wär' gar nicht schlecht,
käm' das Tier zu seinem Recht.
Und als Mensch müsst man nicht laufen
durch die vielen Hundehaufen.

Hallo Trapps!

Als ich in der Sauna schwitze,
klingt es „hallo Trapps" herein,
dass ich meine Ohren spitze.
Mensch, wer mag denn das wohl sein?

Mich kann dieser Gast nicht meinen,
denn ich sah ihn niemals hier.
Dieser Gruß, so will es scheinen,
gilt dem Herrn dicht neben mir.

Trapps hat einen Namensvetter,
der sich ganz genau so spricht.
Hoffentlich, ja Donnerwetter,
stört das aber jenen nicht!

Deshalb gilt es zu erfahren,
ob er Trapps vom Blickpunkt kennt.
Er verneint, ich muss verklaren,
warum dieser sich so nennt.

Und Herr Trapps rümpft sich die Nase,
fragt, wer jener Trapps denn wär'.
Ach, sag ich, mein Nam' ist Hase,
aber auch kein Wörtchen mehr.

Feuerholz

Hundertjährige mächtige Eichen
müssen harten Männern weichen.
Schrill kreischt die Säge,
weit fliegen Späne.

Mit lautem Krach
stürzt das Blätterdach.
Schwer fällt der Rumpf.
Es bleibt der Stumpf.

Nun schon der sechste!
Es hämmern Äxte
und treiben Keile.
In handliche Teile

Spaltet der Gigant,
der eben fest und sicher stand. -
Einst urwüchsiger Stolz,
wird schnell zu Feuerholz.

Haus- aufgaben

Hausaufgaben sind oft schwer.
Schon zwei Stunden oder mehr
sitzt verdrossen unser Paul
äußerst strebsam, gar nicht faul.

Vater sieht's voll Ungeduld:
Da sind nur die Lehrer schuld!
Zu dem Kind setzt sich der Vater,
zu beenden dessen Marter.

Liebevoll drückt er den Sohn:
„Keine Angst, wir schaffen's schon."
Oh verzwickt, da muss er schätzen
und erklärt in Bandwurmsätzen.

Unser Paul schreibt viele Reihen.
Fehler wird man wohl verzeihen! -
Und der strenge Lehrer Gaul
schnappt sich gleich das Heft von Paul.

Paulchen strahlt und wartet, hofft,
doch der Pauker spricht wie oft:
Wo hast du diesen Blödsinn her?
Jener schluchzt: Mein Vater, der ...!

Der erste Schnee

Ganz unerwartet hat's geschneit!
Stolz zeigt die kalte Jahrezeit
ihr allerschönstes Prachtgewand.
Ich wandre nun den Bach entlang:

Wie wundersam sind Sträucher, Hecken,
die unter seidnen Kappen stecken!
Und alle Birken an dem Weiher
umhüllt ein festlich weißer Schleier.

Und gar die Äste von der Weide,
sie funkeln kostbar wie Geschmeide.
Und auch die Zapfen jener Erlen
erstrahlen jetzt wie echte Perlen.

Versilbert glänzt die Haselnuss
durch glänzend feinen Zuckerguss.
Und selbst der große Eichenbaum
schmückt sich mit lauter Seifenschaum.

Aus märchenhaften Knusperhütten
strömt junges Volk mit vielen Schlitten.
Und alle Spuren auf dem Feld
bereichern diese Wunderwelt.

Leerer Haushaltssäckel

So manche Wünsche sind zu streichen.
Der Haushaltssäckel ist fast leer.
Und weil die Mittel nicht mehr reichen,
zählt auch so manches Wort nicht mehr.

Es heißt nach ein paar fetten Jahren,
als noch das Geld recht locker saß,
auf einmal wieder kräftig sparen,
was man derweil schon ganz vergaß.

Da fehlen nun erhoffte Steuern,
es drückt die hohe Zinsenlast.
Den alten Rock gilt's zu erneuern,
damit er nächstes Jahr noch passt.

Was hilft's zu stöhnen und zu meckern,
wenn noch so zwickt das enge Kleid.
Dann muss man eben etwas kleckern
und manches braucht ein wenig Zeit.

Vielleicht hilft auch das Fabelwesen,
das int'ressiert zum Rathaus guckt.
Doch jeder Esel will erst Spesen,
bevor er die Dukaten spuckt.

Weihnachtszeit

Die Alltagspflichten sind getan.
Ich mach es mir gemütlich.
Und endlich Stille, alles friedlich!
Ich lehne mich zurück und ahn:

Das Fest ist nicht mehr weit.
Ich zünde eine Kerze an
und schaue, und ich spüre dann
den Zauber dieser Weihnachtszeit!

Kinderwelt

Kleine Kinder haben Träume.
Wahret diese Kinderwelt!
Schafft die Zeit und auch die Räume,
doch verderbt sie nicht mit Geld!

Vieles wird in Kinderaugen
wunderbar durch Phantasie.
Ausgefeilte Sachen taugen,
sind sie fertig, kaum für sie.

Oft genügen ein paar Dinge,
die aus Holz und Pappe sind.
Warum schenkt ihr gold'ne Ringe?
Die verliert doch nur ein Kind!

Bescherung

Der Weihnachtsbaum ist schon geschmückt,
der Tisch mit Gaben reich bestückt.
Klein-Ingo denkt ans Telespiel
und auch Anettchen wünscht sich viel.

Der Hund weiß nicht, was hier geschieht.
Wenn er die Hundewurst erst sieht!
Und Oma mit den vielen Sachen
will allen eine Freude machen.

Und endlich, endlich ist's soweit:
Die Kerzen brennen weit und breit.
Man hört Gedichte und singt Lieder,
und auch der Weihnachtsmann kommt wieder.

Bescherung dann in Windeseile:
Papier und Band und tausend Teile!
Und man vernimmt den Freudenschrei:
Das Telespiel ist auch dabei!

Wer weiß noch, was da einst geschah?
Wer fragt noch, wer das Christkind war!
Wir alle feiern laut das Fest,
von Weihnachten nur noch den Rest.

Neujahr 88

Wieder geht ein Jahr zu Ende
voller Hoffnung auf die Wende.
Trotz Gewalt und Leid und Grauen
gibt es Zeichen zu vertrauen,
dass die Menschheit dieser Erde
mit der Zeit doch klüger werde.

Alles Gute für das Neue Jahr
*   wünscht euer Trapps!*

Höchstgewicht

Nach so vielen Feiertagen
plagt nun Trapps das Höchstgewicht.
Ihm passt weder Hos´ noch Kragen.
So mag er sich selber nicht.

Bauch und Hüften lauter Falten!
Es stört auch das Doppelkinn.
Manche Nähte woll´n nicht halten.
Die Figur ist völlig hin.

Trapps hat sich fest vorgenommen:
Möglichst oft im neuen Jahr
wird gelaufen und geschwommen,
wie es früher einmal war.

Folgt dem Trapps zur Trimm-dich-Strecke,
von dem Waldbad nur paar Schritt
und befreit euch von dem Specke!
Das macht Spaß und wieder fit.

Grüner Winter

Zu Weihnachten gab´s neue Skier
für die Familie, nämlich vier.
Dann ging´s ins Winterparadies,
was aber Wünsche offen ließ.

Bis hoch hinaus nur grüne Hänge,
wo sonst der Schnee in jeder Menge.
Das milde Wetter hier und dort
erlaubte keinen Wintersport.

Die unentwegte Skielite
entwich in Sommerskigebiete.
Enttäuschte fuhren gleich nach Haus.
Dem Ärger folgten lange Staus.

Wir fügten uns dem Schicksal dann
und zogen Wanderstiefel an.
Und während wir vom Winter träumten,
die ersten Frühlingsstrahlen bräunten.

Doch Trapps sieht kritisch diese Zeichen,
die immer öfter uns erreichen.
Der Klimawechsel lässt erahnen:
Bald wachsen auch bei uns Bananen.

Sondermüll

Mit dem Problem der Abfallmassen
muss jeder heute sich befassen.
Trapps ist bemüht um Reduzierung:
Schon längst betreibt er Kompostierung.

Längst sammelt er auch leere Flaschen.
Als Zwischenlager dienen Taschen.
Das Altpapier kommt wohl am besten
in Pappkartons und große Kästen.

Für Schadstoffmüll, da gibt es Listen,
verwendet er besondre Kisten.
Das Altmetall füllt Trapps in Säcke
und stellt sie vorerst in die Ecke.

Der Platz wird knapp in der Garage.
Der Sperrmüll bleibt auf der Etage.
Und kurz vor jeder Müllabfuhr
befindet manches sich im Flur.

Wenn Trapps sortiert, das ist nicht schwer,
bleibt fast der Müllbehälter leer,
denn jeder Müll, der nicht verschwendet,
wird sinnvoll wieder neu verwendet.

Halbjahreszeugnis

Freitag gab es Giftpapier:
Wieder dominiert die Vier!
Eine Fünf ist auch dabei.
Das ist mir nicht einerlei.

Oben steht „leicht abgelenkt".
Hab mich wohl nicht angestrengt.
Im Verhalten, das gibt Mut,
steht da endlich einmal Gut.

In Religion, wie dem auch sei,
gab's doch immerhin 'ne Drei.
Etwas Hoffnung macht , so scheint's,
wenigstens in Sport die Eins.

In Französisch, ja das weiß ich,
war ich nicht besonders fleißig.
Daher kommt das Minuszeichen.
Insgesamt wird es schon reichen.

Warum man sich so gebärdet
bei Bemerkung „ist gefährdet"?
Denn im nächsten halben Jahr
mach ich wieder alles klar.

Trapps jedoch hat hier Bedenken.
Nötig ist, etwas zu lenken.
Spitzt man zeitig nicht die Ohren,
ist ein ganzes Jahr verloren.

Tennisplätze zu bebauen!

Die Saison läuft noch zu Ende.
Eine letzte Meisterschaft!
Ärger gab´s auf dem Gelände
durch die liebe Nachbarschaft.

Wenn sich nun die Tore schließen
nach dem letzten frohen Flop,
wird das Unkraut wieder sprießen.
Es heißt hier für immer Stop.

Tennisplätze zu bebauen!
Baugrundstücke dicht am Wald!
Doch der Trapps meint voll Vertrauen:
Trauert nicht und hofft auf bald!

Dann entsteh´n in Ortsrandlage
Plätze für den weißen Sport.
Und es ist gar keine Frage,
noch mal treibt uns keiner fort.

Computer

Der Chef verordnet: Trapps, mein Guter,
ich brauch dich dringend am Computer!
Doch Trapps will lieber selber denken.
Dem Ding soll er Vertrauen schenken?

Bedenken schwirren durch den Kopf:
Wie unpersönlich Knopf an Knopf!
Doch weil der Chef ihn so beschwor,
setzt er sich vor den Monitor.

Nach paar Lektionen ahnt er dann,
was das Gerät so leisten kann.
Der Eifer wächst trotz mancher Panne.
Es gibt phantastische Programme!

Ganz langsam kommt auch die Routine,
und Trapps wird selber zur Maschine.
Obwohl es mal recht schwer anfing,
denkt er jetzt so wie jenes Ding.

Grüße aus Berlin

Leute von Schwentin´ und Schwale,
werft euch alle schnell in Schale!
Auf dem Kuhdamm ist was los!
Ja, Berlin ist riesengroß.

Eine Woche um die Uhr
lockt Vergnügen und Kultur
wie in einer andren Welt.
Leider fehlt´s an Zeit und Geld.

Doch man sieht auch voller Jammer
Plötzensee mit Todeskammer.
Tageshell und meistens heiter,
geht es plötzlich doch nicht weiter:

An dem Brandenburger Tor
steht starr die Todeswand davor,
die, was man wohl nie versteht,
mitten durch das Leben geht.

Haarwuchs-
mittel

Erreicht man die gewissen Jahre,
vereinzeln sich des Mannes Haare.
Und auf des Kopfes höchster Stelle
wird es mit einem Male helle.

In kurzer Zeit entsteht 'ne Platte
dort, wo man sonst das Haupthaar hatte.
Der Haarverlust, der nicht zu dämmen,
verschlimmert sich beim Waschen, Kämmen.

So sind bei der Problemverkettung
die Haarwuchsmittel letzte Rettung
und alles, was man kriegen kann,
das wendet man voll Hoffnung an.

Schon sprießt's im Nacken und am Kinn,
in Ohr und Nase - immerhin,
doch bleibt des Kahlschlags voller Glanz,
denn ringsherum wächst nur ein Kranz.

Wenn man in einen Spiegel blickt,
dann tut das weh und man erschrickt
vor der Kosmetik Wunderwerk.
Man gleicht jetzt einem Wurzelzwerg!

Der Trapps mit seinen letzten Haaren
wird nicht für Wundermittel sparen.
Mit ihnen nimmt er jede Hürde
und trägt die zwei mit großer Würde.

Hase oder Kaninchen

Durch den Wald mit ihrer Base
geht sehr wachsam das Sabinchen.
Tante, sieh mal da ein Hase!
Nein, das ist doch ein Kaninchen!

Hasen gibt´s in Feld und Wiesen,
pass gut auf, Sabinchen,
im Vergleich so groß wie Riesen.
All die andern sind Kaninchen.

Hasen springen auch viel weiter,
hören gut mit langen Ohren,
sind viel scheuer und gescheiter,
laufen gleich, wenn sie geboren.

Guck mal, Tante, ein Kaninchen!
glaubt mit neuem Sachverstand
überzeugt nun das Sabinchen.
Dort am hellen Waldesrand!

Nein, Sabinchen, sagt die Base,
das ist kein Kaninchen.
Das ist doch ein großer Hase.
Sieh die Ohren, ..., mein Sabinchen.

Ölspur

Seit Beginn der Fahrradtour
folgt der Trapps der schwarzen Spur,
welche rechts der Fahrbahnseite
zieht sich schnurstracks in die Weite.

In den Kurven ist sie breiter,
doch sie führt noch immer weiter.
An so mancher Häuserecke
gibt es übergroße Flecke.

Plötzlich endet dieses Band,
und ein Tankzug steht am Rand.
Während Männer daran klopfen,
schwarze Perlen nieder tropfen.

Einer von den Männern spricht:
Irgendetwas ist nicht dicht!
Harmlos scheint der Schaden nur.
Trapps folgt weiter ihrer Spur.

Vision 2000

Wiesen schwanden, Wälder starben. –
Räder fressen letztes Grün.
Kahle Flächen ohne Farben.
Nur Beton und Kunststoff blüh'n.

Bäche modern, ohne Leben.
Rohre speien fades Grau.
Und verrußte Schlote fegen
Asche in das letzte Blau.

Rote Listen sprechen Bände. –
Junge Männer schreiben „Mord"
an die fensterlosen Wände.
Ordnungshüter zerr'n sie fort.

Ostereier

Jedes Jahr zur Osterfeier
gibt es bunte Ostereier.
Alle Kinder warten schon
auf die große Suchaktion.

In dem Garten tief im Grase
saß wohl grad der Osterhase.
Hänschen hat das Nest entdeckt,
das der Hase gut versteckt.

Hänschen findet, gar nicht träge,
drei, vier weitere Gelege
zwischen Steinen und am Teich.
Und sein Korb füllt sich sogleich.

Hänschen ist zufrieden, heiter.
Vater mahnt: So such doch weiter!
Und sein Blick führt hoch zum Baum.
Hänschen sieht's, doch glaubt es kaum.

Nein, das kann er nicht verstehen,
wie Hasen auf die Bäume gehen!
Voller Zweifel er beginnt
zu erkennen, was nicht stimmt.

Zu dem nahen Osterfeste
wünscht euch euer Trapps das Beste.
Dieser meint aus seiner Sicht,
dass kein Hase nötig ist.

T.L.s
Trappsfigur

T.L. schuf Trapps aus einer Birne
und gab ihm einen Rübenkopf
und pflanzt´ auf seine hohe Stirne
zwei lichte Haare wohl als Schopf.

Sie gab ihm kluge Schweineohren
und schärfte seinen weiten Blick.
So ward das Trapps-Symbol geboren
mit Fantasie und viel Geschick.

Was sagt nun Trapps zu diesem Wesen,
das artig seine Zeilen schmückt,
die ihr vielleicht sogar gelesen?
Trapps ist von diesem Gnom entzückt!

Ja ihm gefällt, weil sie so tapsig,
die liebenswerte Kreatur
und sieht, zwar überwiegend trappsig,
sich selbst in dieser Trappsfigur.

Frühjahrsputz

Warme Sonnenstrahlen mahnen,
dieses Wetter einzuplanen
für den großen Frühjahrsputz
gegen allen Staub und Schmutz.

Umgekrempelt wird das Haus.
Was nicht fest ist, fliegt hinaus.
Die so graue Tüllgardine
wandert in die Waschmaschine.

Ausgelüftet wird das Bett,
neuen Glanz kriegt das Parkett.
Tische, Stühle, Fenster, Schrank
strahlen wieder blitzesblank.

Auch Terrasse, Wintergarten
brauchen jetzt nicht länger warten.
Ganze Berge voller Blätter!
Motivierend wirkt das Wetter.

Schließlich folgen Rasen, Beete,
die ich hacke, harke, jäte.
Statt des Winters grauer Narben
leuchten bunte Frühlingsfarben.

Ist dann alles aufgeräumt,
wird der Frühlingstraum geträumt.
Sonnenschirm und Liegestühle
garantieren Glücksgefühle.

Umweltfreundliche Gartenmüllaktion

Jedes Jahr, recht lange schon,
steigt die Gartenmüllaktion.
Dafür gab es sonst Container.
Diesmal war´s dem Trapps genehmer!

Längst nicht alle Abfallmassen
konnten die Container fassen,
und die Folge war dann eben:
´Ne Menge Schiet lag meist daneben.

Für den Gartenmüll des Trapps
fehlte ohnehin der Platz. –
Wird der Weg nun etwas weiter,
für die Umwelt ist´s gescheiter.

Bei des Forums Wallanlagen
sammelt man seit ein paar Tagen
viele Zweige oder Äste
und verhäckselt sie dann feste.

Wer es will, das ist jetzt neu,
kriegt zurück den Müll als Spreu,
die im Garten gut verwendet
allerbesten Humus spendet.

Verkabelt!

Die Technik schreitet ständig fort,
so auch in unserm Heimatort.
Verkabelt wächst die Möglichkeit,
nun fernzuseh'n zu jeder Zeit.

Bei riesiger Programmauswahl
wird die Entscheidung schon zur Qual.
Und schwierig wird es, zu verrichten
die wichtigsten Familienpflichten.

Trapps, der sich schwer dem Fortschritt beugt,
ist jedoch nicht überzeugt,
dass dadurch steigt der Freizeitwert.
Vielleicht ist dieser Weg verkehrt.

Er meint: Guckt man gar stundenlang,
wird man am Ende fernsehkrank.
Bekanntlich wächst das Suchtverhalten,
wenn Angebote sich entfalten.

Noch einmal: Landtagswahl

Der Landtag wird am achten Mai
Nach argen Wirren neu gewählt.
Nicht alle sind diesmal dabei.
So mancher große Name fehlt.

Nach schlimmen Fehlern und Gefahren
verspricht man, künftig neu zu denken;
denn es ist Zeit, um aufzuklaren,
will man erneut Vertrauen schenken.

Und geht es einmal anders lang
mit neuen Leuten, andrem Stil,
so ist das auch kein Untergang:
Verschiedne Wege führ´n zum Ziel!

Am Sonntag sollten alle wählen,
denn jede Stimme hat Gewicht.
Auch euer Trapps der wird nicht fehlen:
Die Wahl hält er für Bürgerpflicht!

Ein Regenwurm

Ein Regenwurm war viel allein
und fand nicht Freund, der ihm, dem er
ein wenig nur verbunden wär',
nicht mal dem Sonnenschein.

Als er nach einem Spatenstich
ganz plötzlich dann zwei Teile war,
da war es für ihn klar,
das Hälfte nicht von Hälfte wich.

Schwimm mit!

Wer großen Spaß am Schwimmen hat,
der komme jetzt ins Waldschwimmbad!
Das Wasser dampft und lockt zum Bade.
Bleibt Trapps allein, das wäre schade.

Kommt Kinder, kommt! Bringt Freunde mit
und planscht und taucht und schwimmt euch fit!
Selbst wenn sich mal 'ne Wolke zeigt,
ein echter Kerl ins Wasser steigt.

Wie jedes Jahr der Trapps jetzt hofft,
dass ihr ihm folgt und möglichst oft
das schöne Waldschwimmbad besucht.
Trapps selbst hat schon für's Jahr gebucht.

Gezügelte Worte

Ein Jeder hat sein Temp´rament,
das dieser selbst am besten kennt.
Hat Trapps mal etwas glatt gemeistert,
ist er gleich überaus begeistert.
Und dieser wilde Eifer brennt.

Geht ihm jedoch was auf den Geist,
dann ärgert er sich allermeist
und schimpft sich gleich die Wut vom Bauch.
Doch andre Wege gibt es auch,
wenn dieser Ärger wieder beißt.

Eh seine Zunge tödlich trifft,
ergreift er lieber Feder, Stift
und nimmt die Worte an die Zügel,
denn viele haben scheinbar Flügel
und manche wirken gar wie Gift.

Käfighühner

Der Tierschutz fordert allgemein:
Auch Hühner sollen glücklich sein!
Auf engstem Raum mit Gitterstäben
darf unser Huhn nicht länger leben.

Kein Nest, doch jeden Tag ein Ei:
Der Tierfreund nennt das Quälerei.
Und ohne Scharren und Sandbaden
nimmt die Psyche schweren Schaden.

Jedoch die Hühnerhalter sagen.
Ein Käfighuhn hat nicht zu klagen:
Das Tier hat hier sein täglich Brot
und Sicherheit und keine Not.

Doch ganz so furchtbar ist das nicht:
Das Huhn döst still im Dämmerlicht.
Es lebt geborgen und gesund.
Ganz selten ist ein Tier mal wund.

Schon wieder neuen Zündstoff bringt
die Diskussion um den Instinkt,
der einst dem Wildhuhn angeboren.
Ist er durch Züchtung längst verloren?

Und manche meinen sogar nun,
das Käfigtier wär gar kein Huhn,
denn wird man ihm die Freiheit geben,
so kann es damit gar nicht leben.

Nürnberger Trichter

Trapps sieht schon hoffende Gesichter,
wenn nun sein Nürnberger Trichter
ein neues Lernzeitalter schafft.
Denn er studiert mit ganzer Kraft
an seinem letzten Schulversuch.
Danach erscheint sein neues Buch.

Ein Beispiel sei die Seite zehn.
Wie das so geht, kann man schon sehn:
Den Trichter steckt man in das Haupt,
so weit der Umstand es erlaubt
und füllt hinein das Stundenziel.
Es ist fast ein Kinderspiel.

Das alles lässt man gründlich sacken,
soll dieser Eingriff wirklich klappen.
Ein Hauptproblem ist sowieso:
Wie kriegt man raus das ganze Stroh?
Bleibt dieses in dem Schülerkopp,
kommt es zu einem Bildungsstopp.

Doch ist gelöst auch diese Frage,
ist jeder Lehrer in der Lage,
fast alle Schwächen zu kurieren
ganz ohne großes Zeitverlieren.
Das hilft sofort und ohne Müh
ja selbst am Montag in der Früh.

Trapps steht nun hier im weißen Kittel
mit seinem neuen Arbeitsmittel:
Durch einen Trichter aus den Tuben
strömt nun der Lernstoff in die Buben.
Und ohne dass der Lehrer spricht,
erfolgt der beste Unterricht.

Bad Trappenkamp

Um den Fortschritt zu erreichen,
stellt man zeitig schon die Weichen,
denn man träumt mit Phantasie
von der weißen Industrie.

Nun ist unser Trappenkamp
Segeberger Ferienland!
Und man hofft und wartet feste
auf recht viele Feriengäste.

Trappenkamp ist attraktiv.
Beinah schon zum Nulltarif.
Auf das bisschen Drum und Dran
kommt's im Augenblick nicht an.

Für den Start, ganz ohne Frage,
reicht die wunderschöne Lage
mit dem Wildpark vor den Toren.
So ward die Idee geboren.

Zimmer suchen fällt nicht schwer:
In den Blocks steh'n viele leer.
Hätte euer Trapps zu sagen,
würden daraus Kuranlagen.

Schreitet die Entwicklung fort,
bringt man's bald zum Luftkurort.
Und es dauert gar nicht lang,
heißt es dann „Bad Trappenkamp".

Günstig wär's auf alle Fälle,
findet man 'ne heiße Quelle.
Oder auch 'ne simple Sole
wäre auch zu unserm Wohle.

Fußballfieber

König Fußball der regiert
in den nächsten Tagen.
Wetten werden schon riskiert,
dass wir alle schlagen.

Man zählt uns im eignen Land
zu den Favoriten.
Hoch ist der Erwartungsdrang,
dass wir auch was bieten.

Jubelstürme von den Rängen
treiben unsre Mannschaft an.
Auch Fanfaren und Gesänge
ziehen alle in den Bann.

Anpfiff endlich! Der Ball rollt.
Einer liegt am Boden.
Dieses Foul war ungewollt,
doch die Massen toben.

Freistoß fliegt am Tor vorbei,
erste Chance vergeben.
Gegner kommt und ist ganz frei,
doch zum Glück daneben.

Mit der Zeit wird's Spiel dann flauer,
immer schwächer das Niveau,
wahrlich schlimm für die Zuschauer.
Null zu Null, und man ist froh.

Nächsten Gegner muss man schlagen.
Trapps hofft weiter auf Moral.
Andre Taktik, wird man sagen.
Und die Hoffnung steigt mit mal.

Fischsterben
Robbentod

Viele Menschen hinter'm Ofen
sehen nicht, was hier geschieht,
ahnen nicht die Katastrophen,
achten mehr auf den Profit.

Täglich kommen massenweise
neue Gifte noch hinzu.
So hält man konstant die Preise.
Viele drückt der eigne Schuh.

Zeichen gibt es, die längst zeigen,
die Natur ist nicht im Lot.
Länger darf man nicht mehr schweigen:
Fischesterben, Robbentod, ...!

Auch der Mensch ist hier betroffen.
Der Zusammenhang ist klar.
Habt den Mut und sagt es offen:
Allergien, Krebsgefahr, ...!

Sagt die Wahrheit jetzt, beizeiten,
stoppt sofort die Giftzufuhr!
Redet nicht nur Halbwahrheiten!
Rettet uns und die Natur!

Fritzchen

Ein weit´res Mal prahlt Fritz erheitert:
„Das ist ganz leicht, das kann ich auch, "
obwohl er eben erst gescheitert
und landet wieder auf dem Bauch.

Doch Fritzchen gibt so schnell nicht auf.
In seiner Ehre tief gekränkt
legt er paar starke Worte drauf,
wodurch er sich noch mehr verfängt.

Und erst aus Angst vor der Blamage,
die meistens sich am Ende zeigt,
besinnt sich Fritz in seiner Rage,
indem er endlich weise schweigt.

Solange noch
die Mücke sticht

Solange noch aus zarten Knospen
meist grüne Triebe brechen,
aus süßen Kelchen Bienen kosten
und Menschen mit einander sprechen,
solange noch die Beeren reifen
und gelb die Sonnenblume lacht
und Füchse durch die Wiesen streifen,
solange noch die Spatzen schelten
und selbst die Kräh´ die Flinte scheut,
wenn noch die Jahreszeiten gelten
und jedes Kind sich wirklich freut,
solange noch die Mücke sticht
und neues Leben wird geboren,
solange glaub ich einfach nicht,
dass unser Stern verloren.

Trapps sagt erst mal „tschüß"!

Fünfzig mal, schon fast Geschichte,
bringt der Blickpunkt Trappsgedichte.
Manchmal war es gar nicht leicht,
Grund genug, dass es nun reicht.

Also endet leider schon
diese kleine Tradition,
wenn nicht andere Poeten
euern Trapps demnächst vertreten.

Trapps sagt Tschüß, dann aber geht er.
Vielen Dank, vielleicht auf später!
Ist der Trapp erst pensioniert,
kommt er wieder, garantiert.

Ausblick

Nach mehr als fünfzig Trappsgedichten
verabschiedete ich mich von den „Blickpunkt"-
Lesern mit dem Gedicht „Trapps sagt erst mal
tschüß". Ich hatte eine neue Aufgabe im Wildpark
Trappenkamp übernommen, die mich neben meiner
Lehrtätigkeit an der Realschule Bornhöved ganz in
Anspruch nahm.

Im Blickpunkt folgten nun Trappsgedichte weiterer
Autoren, die mit ihren Beiträgen wie „Göbbi hilft
Trapps" zum Weitermachen aufriefen und selbst
versuchten, die kurze, aber beliebte Tradition
fortzusetzen. Das gelang bis zum Ende des Jahres.
Im neuen Jahr erschien Trapps dann leider immer
seltener, das letzte Mal am 2.5.89.

Ich danke allen, die damals an der Trappsidee
aktiv beteiligt waren, und auch denen, die mit
Trapps ihren Spaß hatten. Vielleicht findet
„Trapps" durch dieses Heft neue Anhänger und
vielleicht sogar Nachfolger, die diese Idee
aufgreifen und wieder aufleben lassen.

Günter Hase